Lettre

A M. LE PRÉFET DE L'AUDE,

PAR

M. A. LAPEYRE,

Membre du Conseil Général, ancien Maire

DE TRÈBES.

Limoux,

Imprimerie de FRANC FRÈRES.

—

1846.

A M. BRIAN, PRÉFET DE L'AUDE,

MONSIEUR LE PRÉFET,

Le dix décembre dernier j'eus l'honneur de vous envoyer ma démission des fonctions de maire de la commune de Trèbes, motivée sur l'antagonisme de vos idées et des miennes en matière d'administration et sur votre hostilité pour la position officielle que j'occupe dans le canton de Capendu. Cet acte n'avait rien qui ne fût parfaitement conforme aux règles du gouvernement representatif et il était, de plus, une preuve de ma loyauté puisqu'il fesait cesser vos rapports avec un fonctionnaire sous vos ordres, divisé d'opinion avec vous.

Vous connaissez aussi bien que moi les causes de nos dissentimens, néanmoins je vais les remettre sous vos yeux.

Depuis la révolution de 1830, sept préfets ont administré le département avant vous; je n'ai eu avec aucun des rapports intimes, des rapports de salon : cela n'a pas dépendu d'eux mais bien de mes goûts et de mes habitudes. Mais sous les rapports administratifs, j'ai reçu de tous, sans exception, des témoignages d'estime, de considération et de confiance.

A la sollicitation de mes amis j'acceptai vos invitations dans le début de votre administration, bientôt après je me retirai, je repris mes goûts et mes habitudes. Je l'avoue, je n'aurais eu qu'à me louer de vous, si des éloges avaient pu me satisfaire, mais leur exagération et leur fréquence étaient si grandes et si maladroites que, par cela même, et, sans autre considération, ils me furent suspects; mais ce fut bien autre chose quand je m'aperçus bientôt que mes idées, mes opinions, mes vues et les mesures que je proposais étaient toujours repoussées. Je l'avouerai, M. le Préfet, je ne pouvais d'abord me rendre compte comment je pouvais être un esprit juste, un homme intelligent pour vous qui n'adoptiez rien de ce que je proposais. J'aurais pu croire que j'avais perdu ma petite part de sens commun, si je n'avais été rassuré par mes relations avec mes amis, avec mes collègues du conseil général avec lesquels je continuais toujours à être en communauté d'idées et de principes, et si je n'avais appris que tous vos collaborateurs se trouvaient dans la même position que moi. Je cherchai la cause de ce dissentiment général et après avoir murement étudié vos actes et recueilli vos paroles, je reconnus, Monsieur, que votre conduite était basée sur deux principes que vous avez avoués plus tard. Le premier, qu'un préfet doit pouvoir tout ce qu'il veut; et le second, qu'un préfet ne doit point se laisser effacer. Ma surprise cessa alors, mais mon dissentiment s'accrut, car je professe des principes tout-à-fait contraires. Je crois que nul fonctionnaire, si élevé qu'il soit, ne peut que ce que la loi veut, et, qu'en tout et toujours, il doit être son esclave. Je regarde comme ridicule et dangereuse toute prétention contrai-

re, c'est avec de pareilles maximes qu'on se prépare
des échecs et des chutes., et celle de Napoléon, tout
grand qu'il était, n'a pas eu d'autre cause. Quant à la
seconde, un préfet ne doit point se laisser effacer,
c'est naturel s'il est assez grand pour cela, il doit s'é-
lever à toute sa hauteur. Mais s'il est un nain en intelligence, faudra-t-il que ceux qui l'entourent, que ses
collaborateurs se rapétissent au-dessous de sa taille
pour le laisser apparaître? qu'ils ferment les yeux et
la bouche pour ne point voir, pour ne pas signaler ses
erreurs? qu'ils laissent compromettre les plus chers
intérêts du pays pour ménager son amour-propre?
Non, M. le Préfet, une pareille maxime viole les pre-
miers principes de notre gouvernement qui sont: la
liberté de discussion, la publicité et le contrôle. Notre
organisation est un concours ouvert à l'intelligence où
le plus digne doit arriver. Ne la laissons pas dégénérer
en un concours d'intrigues et de corruption.

Votre foi dans l'excellence de ces deux principes,
dans celle de votre supériorité intellectuelle et dans
votre habileté, a été telle qu'aucun avertissement n'a
pu vous faire ouvrir les yeux. Vous avez vu plusieurs
des plus anciens et des plus dévoués amis du gouver-
nément froissés, contrariés et mécontens s'éloigner de
vous; vous avez vu le conseil général repousser vos
projets les plus importans tels que celui du Palais de
Justice de Carcassonne, et l'emprunt pour l'achève-
ment des routes départementales; projets utiles et ré-
alisables cependant, mais que le défaut d'études suffi-
santes, de prévoyance et d'à propos dans la présenta-
tion, et d'une défense convenable, ont pu seuls faire
échouer. Vous avez vu le conseil général adopter à

l'unanimité un vœu ayant pour objet de faire connaître au gouvernement la détresse de l'industrie agricole
et des autres industries, et de l'inviter à venir au se-
coûrs des classes pauvres, malgré votre opposition
aussi peu réfléchie que mal fondée.

Malgré ces échecs dont vous n'avez pas compris la
signification, vous n'en avez pas moins persisté à vou-
loir imposer vos opinions au conseil et à le faire par-
ler par votre bouche, en vous emparant de la rédac-
tion de ses décisions et de ses vœux, sans que, ni vos
avortements aussi nombreux que vos essais, ni l'im-
patience du conseil, ni les avertissements de son pré-
sident aient pu vous faire comprendre le peu de con-
venance de votre conduite qui ne tend à rien moins,
qu'à faire croire à l'incapacité de ses membres ; rien
n'a pu vous retenir dans les limites de vos droits.

Votre conduite a encore trouvé des adversaires dans
les rangs des hommes appelés, initiés par vous aux af-
faires. Je n'en citerai qu'un exemple déjà connu, c'est
celui du Fresquel, pour lequel vous avez successivement
nommé trois commissions avec lesquelles vous n'avez
pu parvenir à vous entendre, quoique vous les ayez
composées d'hommes différents. Et cette affaire, sou-
levée sans réflexion, conduite sans habileté, cette affaire qui devait illustrer votre administration , est
rentrée dans les cartons pour n'en pas sortir de long-
temps.

Fermant les yeux à l'évidence, vous n'avez su, M.
le Préfet, trouver la cause de l'impuissance à laquelle
vous vous êtes condamné, que dans le défaut d'aptitude
administrative dont vous prétendez que tout le monde
est atteint ici, et vous avez proclamé qu'on n'y pou-

vait rien faire avec des commissions. En sorte que, si vous transmettez vos impressions à Paris, comme ce serait votre devoir de le faire, le département y sera peint sous des couleurs bien favorables et surtout bien fidèles.

Pour ma part, Monsieur, je n'ai pas pu, je n'ai pas voulu accepter le rôle que vous vouliez m'imposer; il n'était pas plus dans mes goûts de parader dans les salles du Conseil que dans vos salons. J'ai franchement et loyalement discuté les projets qui m'ont été soumis, je les ai approuvés ou rejetés selon le mérite que j'y trouvais, et j'ai fait des propositions nouvelles, sans m'inquiéter si cela pouvait vous contrarier, ne pensant qu'à remplir mes devoirs, en homme qui prend au sérieux le gouvernement qui régit son pays et le rôle qu'il y a accepté.

Je vous avais entendu vous plaindre, M. le Préfet, de ce que les membres du Conseil général pesaient trop sur l'Administration, qu'ils gênaient sa marche, qu'ils la privaient de son initiative, comme je partageais, à un certain point, votre opinion, je me suis tenu à l'écart; j'ai porté la réserve jusqu'à ne plus reparaître dans votre cabinet sans y être appelé, et, dans deux ans, j'y ai paru une fois. Je ne vous ai jamais rien demandé, non plus qu'à vos prédécesseurs, soit pour moi, soit pour les miens; je n'ai rien demandé aux chefs de service dont presque tous me sont inconnus. J'ai même refusé les offres que vous m'avez faites qui n'avaient rapport qu'à moi. Je ne crains pas d'être démenti. Je vous ai, en tout, laissé entièrement libre et indépendant dans vos devoirs; comptant sur votre initiative, sur votre justice et sur votre impar-

tialité. Le résultat m'a prouvé que je m'étais trompé
et que, pour obtenir justice de vous, non-seulement
il fallait la demander, mais encore faire ses conditions.

Vous n'avez, M. le Préfet, ni pris l'initiative d'aucune mesure utile pour le canton que je représente,
ni fait la part qui lui revenait légitimement dans les
fonds de secours, mais bien plus, vous y avez contrarié
le jeu naturel et libre de nos institutions. Dans une
commune importante, vous avez pris le maire dans
la minorité du conseil quoique la majorité ne fut point
hostile au gouvernement, et qu'avec autant de garan-
tie de capacité, elle en offrit d'avantage du côté de la
fortune. Vous n'avez pas eu pour le représentant du
canton plus d'égards que pour le canton lui-même,
vous avez cherché à diminuer, autant qu'il était en
votre pouvoir, l'influence que vingt années de travaux
et de services rendus lui avaient acquis et dont il ne
s'est jamais servi qu'au profit du Gouvernement dont
vous êtes l'agent.

Tels sont, M. le Préfet, les griefs qui m'ont déter-
miné à donner ma démission, à me séparer de vous.

Je passe maintenant à l'examen des faits qui l'ont
suivie. Cette démission vous fut remise le dix décembre, je n'en avais eu aucune nouvelle plus d'un mois
après, et je me disposais à réclamer son acceptation,
lorsque M. Granad, mon adjoint et mon ami, vint me
communiquer une lettre que vous lui aviez écrite, à
la date du 12 janvier, pour lui signaler plusieurs erreurs que vous aviez découvertes dans la liste des électeurs communaux, dont la principale me concernait.
Cette lettre écrite à M. le Maire de Trèbes, était bien
à l'adresse de M. Granad, puisque en lui signalant

cinq noms sur lesquels vous aviez fait porter vos re-
marques, vous désigniez le sien le premier par ces
mots : *le vôtre,* et puis, vous exprimiez les autres quatre, au nombre desquels le mien — Antoine Lapeyre —
se trouvait compris. Ainsi, *le vôtre,* désigne la per-
sonne à qui vous vous adressiez, et le sieur Antoine
Lapeyre désigne un tiers dont vous lui parliez. La lettre était évidemment à l'adressse de M. Granad,
Maire, or, comme M. Granad qui était mon adjoint,
ne pouvait être qualifié Maire qu'autant que la place
de maire était vacante, il est évident que vous aviez
reçu ma démission lorsque vous adressâtes à M. Granad la lettre du 12 janvier. Pour moi, je n'avais pas
besoin de cette preuve pour être certain que ma démission vous était parvenue, j'avais pris pour cela les
précautions que je prends quand j'ai quelque chose à
vous transmettre, j'en fais la remise à votre portier lui-
même, et ce moyen ne m'a jamais trompé. Cependant, le 20 janvier, vous n'avez pas craint de me dire
que vous en receviez la première nouvelle, et vous
m'en avez demandé une copie, que, par prudence,
je vous ai transmise par une voie sûre, celle d'un
huissier.

Mais revenons, M. le Préfet, à votre lettre du 12 janvier, elle porte que vous avez « remarqué sur la liste
» des électeurs communaux pour 1846 des irrégula-
» rités qui ne vous permettent pas de croire qu'elle
» ait été faite avec tout le soin nécessaire », et cette
observation est suivie de deux tableaux portant pour
chacun des cinq noms que vous dites avoir pris au hasard, le détail des contributions qu'ils paient et vous
faites résulter de ce travail, l'irrégularité de la liste. M.

le Maire et la commission municipale assurent, après
nouvel examen, que l'erreur qui concernerait quatre
de ces électeurs n'existe pas et que cette erreur se
trouve, au contraire, dans le travail que vous avez
fait pour contrôler le leur et dans lequel vous avez
fait entrer des élémens autres que ceux que vous avez
vous-même indiqués dans votre circulaire du 6 décembre 1845. — Ou votre circulaire a trompé MM. les
Maires, ou vous vous trompez vous-même en vous
écartant de ses prescriptions.

Reste le cinquième nom cité par vous, qui est le
mien. L'erreur que vous signalez est réelle quant au
chiffre, je ne paie dans la commune de Trèbes que
15 fr. 90 c. au lieu de 34 fr. 54 c. que la liste m'en
attribue. Cette différence provient de biens que j'ai
vendus récemment. Mais est-il vrai qu'à cause de
cette diminution je ne paie plus le cens nécessaire
pour être compris même sur la liste des électeurs sup-
pléans, ainsi que vous l'affirmez? erreur grossière.
L'article 11 de la loi du 21 mars 1831, me fait électeur adjoint à Trèbes, avec tous les droits des électeurs censitaircs, parce que j'y ai mon domicile, parce que j'y paie une contribution et que je suis d'ailleurs
porté sur la liste des électeurs politiques du 2me arrondissement de l'Aude. L'erreur de la commission municipale a été de me porter sur la liste des censitaires
au lieu de me porter sur celle des électeurs adjoints
qui confère les mêmes droits. La vôtre a été de me
dénier formellement le droit, en violation d'une loi que
vous devriez connaître.

Ainsi, M. le Préfet, de cinq erreurs par vous si-
gnalées, quatre vous appartiennent de droit, et je puis,

sans crainte de partialité vous attribuer les neuf dixiè-
mes de l'autre.

Si vous avez eu l'intention de m'attribuer l'erreur
bien légère et sans portée, commise à mon sujet par
la commission municipale, ce que je suis tout disposé
à croire, je vous répondrai :

1° Que je n'ai pas assisté à la réunion de la commission municipale dont je ne fesais pas partie, ni
comme maire, puisque j'étais démissionnaire, ni comme répartiteur, ce qui est prouvé par les signatures
apposées au bas des listes.

2° Que si j'avais été consulté j'aurais dit à la commission de faire ce que j'avais fait moi-même pendant
six ou sept ans, de m'inscrire sur la liste des électeurs
adjoints qui donne les mêmes droits que celle des censitaires.

3° Que pendant tout le temps que j'ai rempli les
fonctions de Maire — quinze années — les listes à la
confection desquelles j'ai présidé, n'ont donné lieu à
aucune réclamation, ce que j'ai fait constater dans
vos bureaux et que vous avez généreusement refusé de
certifier. Je souhaite, M. le Préfet, que vous puissiez
en dire autant après quinze années de préfecture.

Je figure comme électeur politique sur la liste du
2me arrondissement, au canton de Capendu, pour
moins de 300 fr., et cependant je paye réellement
plus de 600 fr. de contributions directes inscrites sur
mon nom aux rôles des communes de Cuxac-Cabar-
dès, Aragon, Carcassonne et Trèbes, et cependant je
n'ai pas réclamé.

Vous aviez cru, M. le Préfet, que je serais bien
contrarié si je n'étais pas électeur à Trèbes, la démis-

sion que j'ai donnée à la veille, des élections, des fonctions de maire qui me conferaient la présidence du collège, aurait dû vous faire penser le contraire. Je me suis conduit, dans cette circonstance, comme je le fis lorqu'il fut question de ma réélection au conseil général, six mois avant je me démis de mon office de notaire auquel je devais, en grande partie, le crédit dont je jouissais; ce n'est pas qu'alors, comme aujourd'hui, je ne comprisse l'affaiblissement qu'en recevrait ma position, mais alors, comme aujourd'hui, je ne voulais pas qu'un intérêt de position fut le mobile de ma conduite. Si j'ai défendu mes droits électoraux à Trèbes avec chaleur, c'est que j'ai été indigné de voir l'agent d'un gouvernement que j'ai servi sans aucun intérêt pendant quinze ans, attaquer un droit incontestable avec autant d'ignorance et de légéreté que d'injustice, pour venger son amour propre froissé par les motifs de ma démission, sacrifiant ainsi les intérêts du Gouvernement à celui de ses passions.

Je résume ainsi, M. le Préfet, la conduite que vous avez tenue dans cette affaire..

Vous avez voulu convaincre M. le Maire et la commission municipale de Trèbes d'erreur dans la confection des listes, et c'est vous qui en avez été convaincu.

Vous avez voulu me convaincre d'usurpation de droits électoraux, et je vous ai convaincu de déni de droits incontestables.

Vous avez déclaré le 20 janvier que vous n'aviez pas reçu ma démission et votre propre lettre du 12 prouve que vous l'aviez reçue à sa date.

Vous avez voulu par l'ensemble de ces faits qui

constituent un acte inoui, me contrarier, m'amoin-
drir, compromettre ma position et vous m'avez four-
ni la preuve de tout ce que j'ai avancé sur votre compte, et justifié l'accusation d'hostilité que j'ai portée
contre vous.

Vous avez refusé de reconnaître vos erreurs, de jus-
tifier vos intentions de me donner une satisfaction juste et raisonnable, eh bien! j'en appelle au public, il
sera votre juge et le mien, je lui soumets les pièces du
procès.

Je finis, M. le Préfet, par un rapprochement qui
offre de l'intérêt. La Restauration me nomma Con-
seiller municipal à Trèbes, et malgré une opposition
vive, franche et ouverte, elle ne me révoqua pas; et
vous, Préfet du Gouvernement de Juillet que j'ai servi
avec dévoûment, vous ne voulez pas même que je
sois électeur !...

J'ai l'honneur d'être,

M. le Préfet,

Votre dévoué serviteur.

LAPEYRE.

Carcassonne, le 25 janvier 1846.

Carcassonne, le 12 janvier 1846.

« À Monsieur le Maire de Trèbes.

» MONSIEUR LE MAIRE,

» Vous m'avez adressé la liste des électeurs munici-
paux pour l'année 1846. J'y remarque à première
vue des irrégularités qui ne me permettent pas de
croire qu'elle ait été fait avec tout le soin nécessaire.

» Ainsi, j'ai pris au hasard cinq noms, le vôtre et
ceux du sieur Jean-Pierre Lacroix, du sieur Lafage
(Antoine), du sieur Antoine Lapeyre et du percepteur
lui-même, et portés sous [les nos 12, 47, 51, 123 et
140 de la liste.

Les tableaux ci-après vous expliqueront les obser-
vations que la cote de contribution qui est attribuée
à l'un de ces électeurs me donnent lieu de faire.

NOMS DES ÉLECTEURS.	Nos de LA LISTE.	QUOTITÉ DE LEURS CONTRIBUTIONS	
		d'apres la liste.	d'apres la vérification faite sur les rôles.
Granad	12	206 fr. 45 c.	201 fr. 38 c.
Labouzelle.	47	77 93	87 97
Lacroix (Jean-Pierre).	51	70 16	64 81
Lapeyre.	123	34 54	15 90
Lafage.	140	28 29	28 24

DÉTAIL DES CONTRIBUTIONS PAYÉES PAR CHAQUE ÉLECTEUR.

NATURE DES IMPOTS.	GRANAD.		LABOUZELLE,		LACROIX.		LAPEYRE.		LAFAGE.	
Foncier.........	138 fr. 84 c.		58 fr. 11 c.		34 fr. 69 c.		1 fr. 31 c.		20 fr. 67 c.	
Personnel	3	00	3	00	3	00	3	00	3	00
Mobilier, ...· .	13	90	11	12	8	34	»	00	3	48
Portes et fenêtres. ...	28	54	5	54	4	38	9	49	1	09 c.
Prestations........	17	10	10	20	14	40	2	10	Son article n'a pas été reconnu sur le rôle.	
Totaux. ...	201 fr. 38 c.		87 fr. 97 c.		64 fr. 81 c.		15 fr. 90 c.		28 fr. 24 c.	

Je regarde comme insignifiantes les erreurs relatives aux personnes inscrites sous les n°s 12, 47, 51, et 140; attendu que la différence de leurs cotes telles qu'elles sont portées sur la liste municipale, et qu'elles résultent de la vérification des matrices, est trop minime

pour rien changer d'une manière bien grave au con-
texte de la liste en question.

» Mais il n'en est pas de même pour le n° 123, qui
devrait être écarté de la liste comme ne payant pas le
cens nécessaire pour être compris même parmi les
électeurs suppléants de la commune de Trèbes. Veuil-
lez vous entendre de suite avec le percepteur pour
examiner l'exactitude des chiffres que je vous signale
et faire au besoin après vérification sur la liste municipale les changements que nécessiteraient les erreurs
que vous reconnaitriez y exister sans doute par le fait
de l'inadvertence du percepteur.

» Vous voudrez bien en tout cas me faire connaître
par l'un des plus prochains courriers, la quotité et le
détail exact des impôts payés dans votre commune pour
les années 1845 et 1846, par l'électeur porté sur votre liste sous le n° 123.

» Recevez, M. le Maire, l'assurance de mes senti-
ments distingués,

» Le Maître-des-Requêtes, Préfet de l'Aude,

BRIAN.

Carcassonne, le 20 janvier 1846.

» MONSIEUR,

» Les récriminations ne sont pas de mon goût et je
ne m'y arrête pas quand elles ne peuvent mener à
rien. La seule chose que j'aie à dire en réponse à la
lettre que vous me faites l'honneur de m'adresser aujourd'hui, c'est qu'elle me donne la première nouvelle
de votre démission de Maire de Trèbes. La lettre du
10 décembre dernier par laquelle vous me l'auriez en-

voyée ne m'est pas parvenu et je vous serais obligé de m'en adresser une copie.

» Recevez, Monsieur, l'assurance de ma considération très distinguée.

» Le Maître-des-Requêtes, Préfet de l'Aude ,

BRIAN.

» A M. Lapeyre,
Membre du Conseil Général de l'Aude,
à Carcassonne.»

» L'an mil huit cent quarante-six et le vingt et un janvier, je soussigné, Jean Pendrié, huissier audiencier au tribunal civil de Carcassonne, y demeurant.

» A la requête de M. Antoine Lapeyre, membre du conseil général de l'Aude, maire démissionnaire de la commune de Trèbes, canton de Capendu, arrondissement de Carcassonne, département de l'Aude, domicilié audit Trèbes, ai exposé à M. Charles Brian , Maître-des-Requêtes préfet de l'Aude qu'il ne pouvait disconvenir que le dix du mois de décembre dernier le requérant ne lui ait transmis par écrit sa démission des fonctions de maire de ladite commune de Trèbes motivée sur l'antagonisme des idées de mon dit sieur Brian et du requérant en matière d'administration et sur l'hostilité du premier contre la position officielle que le dernier occupe dans le canton de Capendu, ce qui rendait impossible toute collaboration ent'reux, que malgré le laps d'un mois et demi qui s'est écoulé depuis cette époque, mon dit sieur le préfet n'a pas donné acte au requérant de sa démission, ainsi qu'il est de règle en pareille matière, et attendu qu'il importe à celui-ci de ne pas rester plus long-temps sous les ordres d'un administrateur dont il ne partage pas les principes et dont il improuve les actes, en lui dénonçant tout ce dessus, j'ai sommé mon dit sieur Brian, préfet de l'Aude, d'avoir à donner acte audit Lapeyre de sa démission des fonctions de maire et à le considérer comme valablement démis depuis le dit jour, dix décembre, où il les a cessé de fait, déclarant à M. le Préfet que, faute par lui de déférer de suite à la présente sommation, le requérant se tiendra pour valablement déchargé en vertu du présent.

« Baillé copie du présent à mon dit sieur le préfet, dans son hôtel, en parlant à lui-même.

Coût : quatre francs 78 c.
PENDRIÉ.

« Enregistré à Carcassonne, le vingt-quatre janvier 1846, f° 129 r° c° 3, reçu deux francs décime vingt centimes.

MEJAN. »

Limoux, Imprimerie de Franc frères.

www.ingramcontent.com/pod-product-compliance
Lightning Source LLC
Chambersburg PA
CBHW060728280326
41933CB00013B/2579